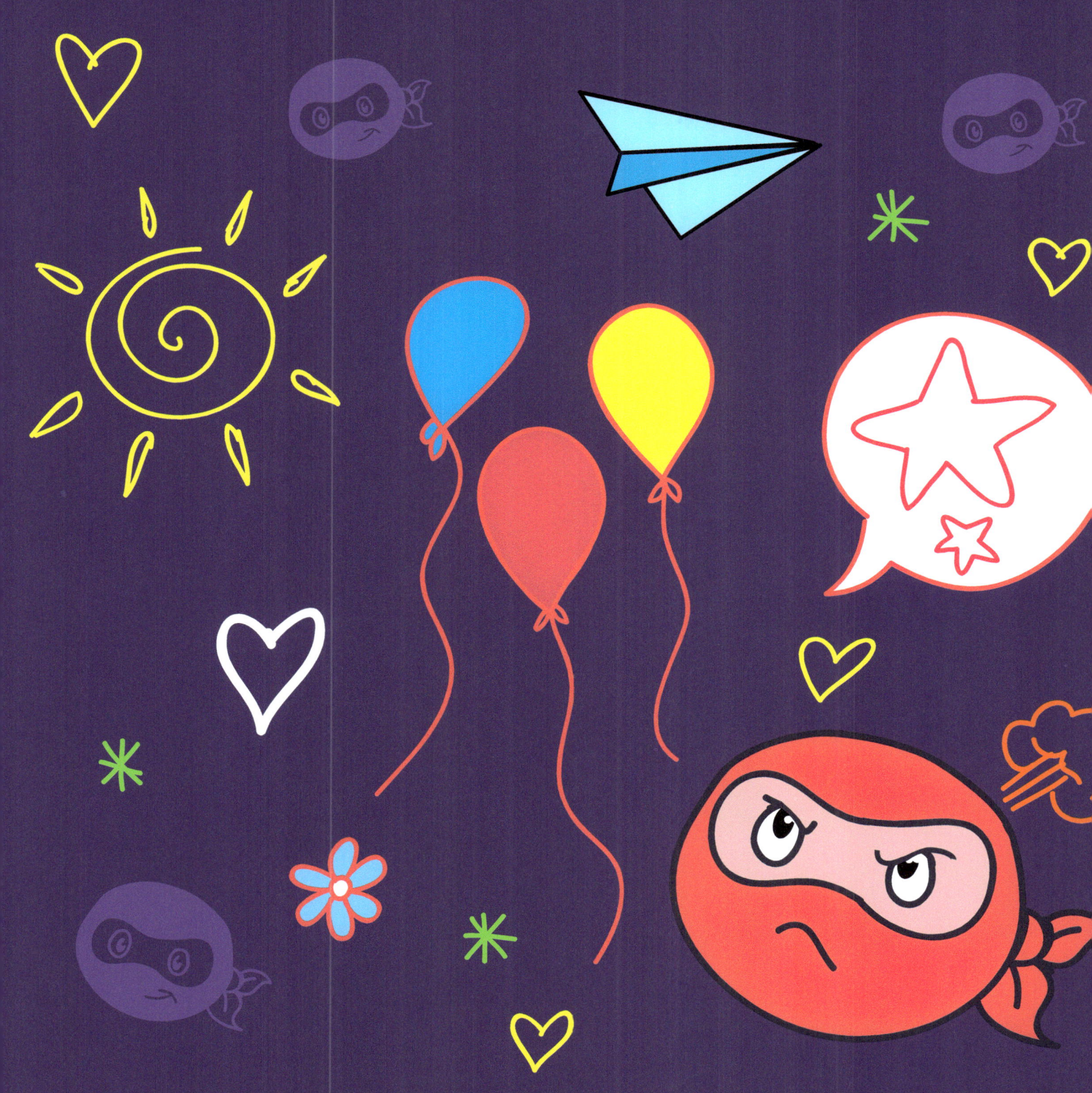

Este libro está dedicado a los verdaderos superhéroes de nuestras vidas: los profesores.

Copyright © Grow Grit Press LLC. Todos los derechos reservados. Ninguna parte de este libro puede ser reproducida en ninguna forma sin el permiso por escrito de la editorial. Por favor, envíe solicitudes de pedido al por mayor a info@ninjalifehacks.tv
Impreso y encuadernado en los Estados Unidos. NinjaLifeHacks.tv
Paperback ISBN: 978-1-63731-516-3
Hardcover ISBN: 978-1-63731-517-0

Ninja Life Hacks™

La Ninja Silenciosa

Por Mary Nhin

La Sra. Smith es mi maestra favorita. Tenemos una rutina al entrar en su salón de clase. Ella cantaba una línea al son de ¡Hey Mickey, estás tan bien! y nosotros respondíamos cantando una línea.
¿Te gustaría intentarlo? Va así...

Como clase, Esta due nuestra señal para que nuestra clase esté callada y lista para escuchar.

Personalmente, no siempre he tenido esta capacidad impresionante para controlar mi volumen.

Si estuviera caminando por el pasillo en la escuela, podrías haberme confundido con un gigante.

Mientras viajábamos en carro, discutía en voz alta con mi hermana.

En un restaurante con mi familia, no sabría cómo controlar mis tendencias ruidosas.

Entonces un día, el Ninja Innovador me mostró cómo podía aprovechar un superpoder subutilizado que ni siquiera sabía que tenía.

Para usar tus dedos de los pies de ninja y tu voz ninja, tenemos que andar de puntillas y susurrar. El objetivo es ser sigiloso y camuflado. Eso significa que tenemos que mezclarnos y ser difíciles de ver.

Los dedos de los pies de ninja

Cuando el nivel de ruido viene de pies pesados corriendo y saltando, trata de caminar en puntillas.

Voz de ninja

Un ninja utiliza susurros suaves para que otros no puedan verlo u oírlo.

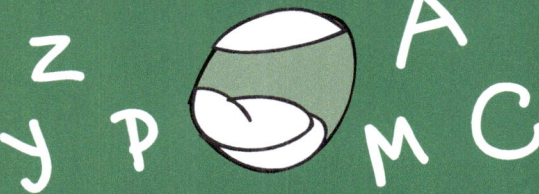

Cuando fui a la escuela al día siguiente, practiqué mi superpoder de silencio.

Fingí que caminaba sobre bolas de algodón mientras iba del aula a la cafetería. Al usar mis dedos de los pies ninja mientras caminaba por los pasillos me ayudó a no ser notada.

En la biblioteca, usé una voz suave para hablar. Con voz ninja, era capaz de camuflarme y no ser vista.

En casa, cuando todo el mundo se relajaba, me acordé de ser consciente del ruido que hacía para que todos pudieran disfrutar de su noche. Yo era una ninja silenciosa, usando mis dedos de los pies y mi voz ninja.

Fui capaz de aprovechar mi superpoder silencioso más de un día.

Continué usando mis dedos de los pies y voz ninja todos los días de mi vida. ¡Ahora sé cómo ser una ninja silenciosa cuando necesito serlo!

El recordar usar tus dedos de los pies y tu voz ninja podría ser tu arma secreta para construir tu superpoder de silencio.

¡Visita ninjalifehacks.tv para obtener imprimibles divertidos gratis!

@marynhin   @officialninjalifehacks
#NinjaLifeHacks

Mary Nhin   Ninja Life Hacks

Ninja Life Hacks

@officialninjalifehacks

www.ingramcontent.com/pod-product-compliance
Lightning Source LLC
Chambersburg PA
CBHW041107070526
44583CB00002B/94